Kosmetik selbst gemacht

Kosmetik

selbst gemacht

Gesammelt und herausgegeben
von
Melanie Koßmann

Capt. Swings
Geheime Bibliothek

Bibliografische Information der Deutschen Nationalbibliothek: Die Deutsche Nationalbibliothek verzeichnet diese Publikation in der Deutschen Nationalbibliografie; detaillierte bibliografische Daten sind im Internet über dnb.dnb.de abrufbar..

Herausgegeben von Melanie Koßmann

© 2022 by Melanie Koßmann
Herstellung und Verlag:
BoD – Books on Demand, Norderstedt
ISBN 9 7837 5435 7347

4

Inhalt

5 gute Gründe Kosmetik selbst herzustellen

Einfluss auf die Inhaltsstoffe

Viele gekaufte Produkte sind mit synthetischen Stoffen angereichert und beinhalten Konservierungsstoffe, Silikonöle, Aluminium und Duftstoffe die möglicherweise allergische Reaktionen auslösen oder sogar krebserregend sein können.

Wenn du deine Hautpflege selbst herstellst, arbeitest du mit überschaubaren Zutaten, die du sorgfältig auswählen kannst.

Umweltschonend

Drogerieprodukte enthalten oftmals Mikroplastik oder sind in einer Plastikverpackung käuflich.

Indem du deine alten Plastikbehältnisse wiederverwendest oder recyclebare Verpackungen benutzt, leistest du einen wertvollen Beitrag zum Umweltschutz.

Kein Tier muss leiden

Viele Produkte und Inhaltsstoffe aus der Drogerie werden an Tieren getestet oder enthalten Zutaten tierischen Ursprungs.

Bei der Auswahl der Zutaten zur Herstellung deiner eigenen Hautpflegeserie kannst du dies ausschließen.

Kostengünstiger

Käufliche Pflegeprodukte berechnen Herstellung, Werbung und Verpackung mit im Gesamtpreis.

Diese Kosten entfallen für dich. Du benötigst nur wenige Basiszutaten, die du mehrfach in abgewandelter Zusammensetzung für verschiedene kosmetische Produkte verwenden kannst.

Gutes Gefühl

Ein wichtiger Aspekt für die eigene Herstellung von Kosmetik ist der

Spaßfaktor und das gute Gefühl der Selbstbestimmung.

DU entscheidest was in deine Creme oder dein Peeling hinein kommt.

In Vorfreude auf das Ergebnis wählst du sorgfältig die gesunden Zutaten aus und zelebrierst die wirklich einfache Herstellung.

Du kannst deiner Phantasie bei der Farbgebung und Gestaltung freien Lauf lassen.

Sei experimentierfreudig und kreativ!

Dein erster selbstgemachter Lippenstift wird dir ein Erfolgserlebnis vermitteln und dich stolz machen:)

Außerdem stellt eine selbst hergestellte Pflegeserie eine preiswerte
und von Herzen kommende Ge-
schenkidee dar.

Verschenke doch mal eine duftende
Body-Butter oder ein ausgefallenes
Peeling – ein echtes Unikat, liebevoll zubereitet und verpackt. Du
wirst Begeisterung auslösen.

Vorbereitung

Du solltest dir eine Basisausstattung zulegen, bestehend aus:
- Bienenwachs
- Kakaobutter (oder Sheabutter)
- Mandelöl (oder Kokosöl)
- ätherisches Öl
- Farbpimente (Micapuder)
- Vitamin E Tropfen

All das erhältst du in der Regel in Drogerien, Reformhäusern, BIO-Läden oder online. Achte beim Kauf auf gute Qualität, bevorzuge Produkte aus dem Fair-Trade-Handel oder BIO-Ware.

Außerdem solltest du dir vorab überlegen, in welche Behältnisse du deine Kosmetik abfüllen willst. Du hast bestimmt noch alte Flaschen, Dosen oder Stifte zu Hause, die du reinigen und sterilisieren kannst um sie wieder zu verwerten.

Ansonsten kaufe der Umwelt zu liebe recyclebare oder wieder verwendbare Gefäße.

Bevor du loslegst, solltest du zuerst testen, ob du auf eine der Substanzen allergisch reagierst, indem du eine kleine Menge der Zutat auf den Unterarm oder in die Ellenbeuge tupfst und 24 Stunden abwartest. Tritt eine Rötung auf, solltest du auf ein Ausweichpräparat umsteigen.

Haut

Badezusätze

Entspannungsbad

2EL Lavendelblätter (oder 2 Beutel Lavendeltee)
2EL Melissenblätter (oder 1 Beutel Melissentee)
5 Tropfen ätherisches Lavendelöl
5 Tropfen ätherisches Melissenöl
1 kleines Glas Milch

Als erstes die Blätter (bzw. Teebeutel) mit nicht mehr ganz kochendem Wasser überbrühen und 15 Minuten ziehen

16

lassen. Derweil kann das Badewasser einlaufen. Nun die Milch etwas erwärmen und die ätherischen Öle einrühren. Dann den Kräutersud in das Badewasser gießen und anschließend die Milch.

Belebender Badezusatz

100g Totes Meer Salz
5 Tropfen ätherisches Rosmarinöl
5 Tropfen ätherisches Blutorangenöl
1TL Natron
1TL Olivenöl

Die Hälfte des Meersalzes in einem Mörser fein mahlen. Dann mit dem groben Salz vermischen. Anschließend Das Rosmarinöl und das Olivenöl hinzufügen, gut vermischen und über Nacht stehen lassen, damit das Öl in das Salz einziehen kann. Willst du das Badesalz verschenken, kannst du dekorativ noch etwas geriebene Orangenschale hinzugeben.

Dieses Badesalz wirkt anregend und sein Duft nach Orangen und Rosmarin lässt dich vom Süden und vergangenen Urlauben träumen.

Gute Laune Bad

4-5 Zimtstangen
5 Tropfen ätherisches Limettenöl
1 kleines Glas Milch
Limettensaft

Die Milch etwas anwärmen und das ätherische Limettenöl einrühren. Die Limette auspressen und ebenfalls zur Milch geben. Badewasser einlaufen lassen und dabei die Zimtstangen hineingeben. Kurz vor dem Bad die Milch-Öl-Mischung dem Badewasser hinzufügen.

Erkältungsbad

3-4 Handvoll Tannen-und Fichtennadeln und Zapfen
3 Tropfen Eukalyptusöl
1 kleines Glas Milch
2l Wasser

Zerkleinere die Zapfen sowie die Tannen-und Fichtennadeln so gut wie es
geht. Dann köchele alles in 2 Litern
Wasser für 30 Minuten. Siebe die Flüssigkeit dann ab und erwärme die Milch
während das Badewasser einläuft. Gib
das Eukalyptusöl zur Milch. Gieße
dann den Tannennadelauszug ins
Badewasser und anschließend die
Milch-Öl-Mischung.
Gute Erholung!

Hautpflegendes Cleopatra-Bad

2 Liter Milch
250g Honig
2EL Meersalz
ätherisches Öl

Erwärme die Milch sowie den Honig, damit er flüssig wird und sich alles gut vermischt. Gib dann das ätherische Öl hinzu. Lass das Badewasser einlaufen und rühre das Meersalz hinein. Zum Schluss gibst du die Milch-Honig-Öl-Mischung hinein.
Wenn du möchtest, kannst du dein Wohlfühlbad auch mit ein paar eingestreuten Rosenblütenblättern abrunden.

Duschgel

50g Kernseife
400ml Wasser
Speisestärke
2EL Mandelöl (oder Olivenöl, Sesamöl, Jojobaöl)
ätherisches Öl

Als erstes reibst du die Kernseife mit einem Hobel, so dass kleine Flöckchen entstehen. Dann erwärme das Wasser auf dem Herd und rühre die Seifenflocken ein, bringe sie bei mittlerer Hitze zum Schmelzen. Gib nun das Mandelöl, etwas Speisestärke und das ätherische Öl deiner Wahl (Orange, Zitrone, Vanille) hinzu. Ist dir das Duschgel zu zäh gib etwas mehr Wasser hinein, ist es zu flüssig füge noch etwas Stärke oder ein paar Seifenflocken hinzu. Wenn du alles gut vermischt hast, kannst du es mit einem Trichter in eine saubere Flasche abfüllen. Vor dem Gebrauch gut schütteln und innerhalb weniger Wochen aufbrauchen.

Handpeelings

Du kannst ein einfaches Handpeeling ohne viele Zutaten aus Naturprodukten selbst herstellen. Es gibt verschiedene Möglichkeiten:

Olivenöl + Meersalz

Dazu brauchst du nur Olivenöl und Meersalz, welches du im Verhältnis 1:1 mischst.

Gib in eine kleine Schüssel 1 EL Olivenöl und 1 EL grobes Meersalz hinein und verrühre dies. Dann trage die Mischung in sanften, kreisenden Bewegungen auf die Hände auf. Olivenöl macht die Haut geschmeidig. Lasse das ölige Peeling ein paar Minuten einwirken und wasche es dann mit lauwarmem Wasser ab.

Wenn du sehr trockene Haut hast, kannst du auch noch einen Löffel Honig der Mischung beigeben.

Olivenöl + Zucker

Bei rissigen, spröden Händen empfiehlt es sich Zucker anstatt Salz zu verwenden. Du kannst den groben braunen Zucker in gleichem Verhältnis mit dem Olivenöl vermengen und sanft deine Hände damit peelen. Nach etwas Einwirkzeit mit lauwarmem Wasser entfernen.

Honig + brauner Zucker

Vermische 4 EL Zucker mit 2 EL Honig bis eine angenehme Masse entsteht.

Honig wirkt entzündungshemmend. Reibe deine Hände eine Zeit lang mit kreisrunden Bewegungen ein. Das Peeling macht deine Haut schön weich. Anschließend mit lauwarmem Wasser abwaschen.

Kokosöl + brauner Zucker

Kokosöl wirkt ebenfalls entzündungshemmend und pflegend. Entnehme 1 EL Kokosöl und erwärme dies in einem Wasserbad, damit es etwas weicher wird, um es besser verarbeiten zu können. Rühre dann 1 EL braunen Zucker in das Öl ein. Massiere deine Hände ein paar Minuten mit dem Peeling und lasse es etwas einwirken. Wasche dann mit lauwarmem Wasser die Hände.

Körperpeelings

können mit einfachen Mitteln schnell selbst hergestellt werden. Im Kühlschrank halten sie sich sogar einige Zeit, so dass du auch mal eine kleine Flasche auf Vorrat herstellen kannst.

Kaffeesatz + Olivenöl

Vermische 2 EL Olivenöl mit 5 EL Kaffeesatz zu einer homogenen Masse. Es entsteht ein angenehmer Kaffeeduft dabei. Reibe den gesamten Körper mit dieser Mischung sanft ein und entferne so die alten Hautschuppen. Spüle dann das Kaffeepeeling mit einem milden Duschgel wieder ab. Dieses zart machende und pflegende Ritual kannst du wöchentlich wiederholen.

Mandelöl + Meersalz

Vermische Mandelöl im Verhältnis 2:1 mit feinem Meersalz.
Anstelle von Mandelöl kannst du auch Avocadoöl, Kokosöl oder Olivenöl verwenden. Achte darauf das es eine angenehme Konsistenz hat, nicht zu ölig, nicht zu körnig. Dann reibe den Körper mit dem Peeling einige Minuten sanft ab. Du kannst auch ein paar Tropfen Aromaöl nach deinem Geschmack hinzufügen, um ein sinnliches Dufterlebnis dabei zu erfahren.
Die Haut ist danach gepflegt und zart.
<ins>Olivenöl + Rosmarin + Zucker</ins>
Mische 3 EL Olivenöl mit 5 EL Zucker zu einer homogenen Paste. Füge etwas

Rosmarin hinzu, der einen tollen Duft entfaltet. Massiere den Körper unter der Dusche mit dem Peeling ein paar Minuten ein, um die abgestorbenen Hautschüppchen zu entfernen. Die Haut wird wunderbar durchblutet und gereinigt.

Kokosöl + Orangenschale + Zucker

Schäle eine Orange mit einem Sparschäler und trockne sie 15 Minuten im Backofen oder auf der Heizung. Danach mit dem Mörser fein zerkleinern, damit die Stücke nicht zu grob sind. Dann 100g Kokosöl im Wasserbad erwärmen, um es flüssiger zu machen.
Nun 100g Zucker und die Orangenschalen zum Öl dazu geben und gut verrühren.
Dieses Peeling verströmt einen herrlichen Geruch.

Jetzt den gesamten Körper mit der Mischung einreiben und etwas einwirken lassen. Dann mit warmem Wasser abspülen.

Du kannst anstelle der Orange auch andere Zitrusfrüchte wie z.B. eine Zitrone oder eine Grapefruit verwenden.

Maisgrieß + Magermilch + Wasser

Mische eine Tasse sehr feinen Maisgrieß auch Polenta genannt mit 5 EL Magermilchpulver. Dann rühre so viel Wasser bei, bis eine cremigen Konsistenz erreicht ist. Nun mit kreisenden Bewegungen sanft die Haut damit einreiben und anschließend unter der Dusche abbrausen. Bei Bedarf kannst du auch ein paar Tropfen ätherisches Öl beimischen, damit dein Peeling einen angenehmen Duft verströmt.

TIPP: Verschenke doch mal ein selbstgemachtes Peeling! Kauf dir eine hübsche Flasche in die du das Peeling einfüllst. Mit einem schönen Etikett versehen und einem persönlichen Gruß darauf, kannst du so einem lieben Menschen ein günstiges und von Herzen kommendes Geschenk machen.

Creme

Erstelle dir deine eigene Basis-Hautcreme ohne synthetische Farb-, Duft- und Konservierungsstoffe.

Basis-Creme

15ml Pflanzenöl (Distelöl, Traubenkernöl oder Mandelöl bzw. Kokosöl für sehr trockene Haut)

3g Emulsan

2g Bienenwachs oder Sheabutter, Kakaobutter

30ml destilliertes Wasser oder Rosenwasser

ätherisches Öl.

Lass den Bienenwachs über einem heißen Wasserbad schmelzen. Gib dann Emulsan als Emulgator und das Pflanzenöl hinzu. Wenn alles flüssig geworden ist, gut vermischen und auf 40 Grad abkühlen lassen. Es ist daher gut ein Küchenthermometer zur Hand zu haben.

In einem anderen Topf erwärmst du das destillierte Wasser ebenfalls auf 40 Grad.

Nun kannst du das Wasser zu dem Bienenwachs mit Emulgator dazugeben. Danach mit einem Pürierstab die Mischung gut verquirlen. Es ist wichtig, dass beide Flüssigkeiten die gleiche Temperatur haben, damit sie sich mit einander mischen. Püriere so lange bis die Masse cremeartig ist. Um für einen angenehmen Duft zu sorgen, kannst du nun noch ein paar Tropfen ätherisches Öl deiner Wahl einrühren. Ich persönlich mag gerne Vanille mit Ylang Ylang oder im Sommer auch gerne einen frischen Duft nach Orangen, Zitronen und Grapefruit.

Fülle nun die Creme in ein steriles Behältnis und bewahre sie im Kühlschrank auf. Da deine selbst hergestellte Hautcreme keinen Konservierungsstoff beinhaltet, ist auf Sauberkeit bei der Herstellung zu achten. Alle Hilfsmittel vor Benutzung unbedingt sterilisieren, dann sollte sich die Creme gekühlt 2-3 Wochen halten.

Kühlende Aloe Vera Creme

Diese Creme eignet sich besonders, wenn deine Haut viel Feuchtigkeit braucht. Im Sommer nach dem Sonnen oder einem Sonnenbrand wirkt sie kühlend.

25g Aloe Vera
125g Mandelöl (oder Jojobaöl)
50ml Milch mit 3,5% Fettanteil
5 Tropfen ätherisches Öl
4 Tropfen Vitamin E-Öl

Hast du vielleicht eine Aloe Vera Pflanze zu Hause? Ansonsten kannst Aloe Vera Blätter in gut sortierten Warenhäusern frisch kaufen. Du brauchst 1 großes Aloe Vera-Blatt, dessen gelartigen Pflanzensaft du entnehmen kannst, indem du das Blatt längs aufschneidest und den Inhalt mit einem Löffel ausschabst. Natürlich kannst du auch fertiges Aloe Vera Gel ohne Zusätze kaufen.

Fülle das Gel in ein hohes Glas und quirle es mit einem Stabmixer bis es schäumt und leichte Blasen bekommt.

Nun gib die zimmerwarme Milch ebenfalls in ein anderes schmales Gefäß und püriere diese. Gib nach und nach das Mandelöl tröpfchenweise und ganz langsam während des Aufschlagens hinzu. Püriere die Milch bis alles Öl zugegeben wurde und sie dickflüssig und cremig wird. Das kann einige Zeit in Anspruch nehmen. Wenn sich die Milch mit dem Öl verbunden hat und du eine cremige Konsistenz erreicht hast, gib vorsichtig das Aloe Vera Gel hinzu. Nur mit dem Löffel unterheben, nicht mit dem Stabmixer pürieren, sonst gelingt es nicht. Dann füge noch ein paar Tropfen ätherisches Öl deiner Wahl bei. Nun stelle die Creme in den Kühlschrank und lasse sie 24 Stunden ruhen bis sie letztendlich die Festigkeit eines Puddings erreicht. Gekühlt sollte sich die Creme durch das Vitamin-E-Öl 2 Monate halten.

Aloe Vera mit Jojoba- und Teebaumöl

Diese Creme ist noch einfacher anzufertigen und bedarf nur weniger Zutaten.

1 grosses Aloe Vera-Blatt
25 Tropfen Jojoba- oder Mandelöl
3-4 Tropfen Teebaumöl

Schneide das Aloe Vera Blatt seitlich auf und kratze den gelartigen Inhalt heraus. Anschließend das Gel in einem hohen Gefäß mit einem Stabmixer pürieren und die Öle hinzufügen. Fülle die Masse in ein steriles Gefäß und bewahre es gekühlt auf. Du solltest immer nur kleine Mengen Creme herstellen und zügig aufbrauchen, da die Haltbarkeit begrenzt ist.

Salbe

Wärmende Zimt-Ingwer-Salbe

Wer unter kalten Füssen leidet, sollte sich diese Salbe zubereiten, sie hat einen wärmenden Effekt.

Zutaten

1 Stck. Ingwer ca. 6 cm

3 Stangen Zimt

120ml Pflanzenöl

10 g Lanolin anhydrid

3-4g Bienenwachs

Den Ingwer in feine Scheiben schneiden und den Zimt mit einem Mörser zerkleinern. Dann beides in einen Topf geben und das Pflanzenöl sowie das Lanolin hinzufügen. Nun alle Zutaten 30 Minuten auf dem Herd bei niedriger Temperatur köcheln lassen. Danach den Topf vom Herd nehmen und etwas abkühlen lassen, bevor wir die Flüssigkeit durch ein Sieb in einen sauberen Behälter abgießen.

Jetzt die gewünschte Menge der Ölmischung in ein steriles Gefäß umfüllen und den Bienenwachs einrühren. Ist die Flüssigkeit noch warm genug, schmilzt der Bienenwachs langsam. Ansonsten kurz auf einem Wasserbad erwärmen und den Bienenwachs einrühren. Dann das Gefäß verschließen und die Salbe 8 Stunden auskühlen bzw. erhärten lassen.

Efeu-Salbe

Efeu-Salbe wirkt durchblutungsför-
dend, hautstraffend und hilft gegen
Cellulite.
Dunkelgrüne Efeublätter
100ml Olivenöl
20g Bienenwachs

Bevor du mit der Zubereitung der Salbe beginnen kannst, musst du zuerst
Efeuöl ansetzen.
Dafür solltet du Efeublätter sammeln,
abwaschen und trocknen. Gib diese
zerkleinert in ein Schraubglas und
übergieße die Blätter mit dem Olivenöl.
Nun muss das Ganze 2 Wochen an einem warmen Platz ziehen. Das Glas
zwischendurch immer mal wieder
schütteln. Nach 14 Tagen kannst du
das Öl durch ein feines Sieb abgiessen
und zusammen mit dem Bienenwachs

auf einem heißen Wasserbad unter Rühren erwärmen. Zum Schluß alles in ein steriles Gefäß abfüllen, die Masse aushärten lassen und an einem kühlen Ort aufbewahren. So hält sich die Salbe bis zu 6 Monaten.

Lotion

Lotionen haben einen höheren Wasser-
gehalt und sind recht flüssig. Der Fett-
gehalt ist nicht so hoch wie bei Cremes
oder gar Salben.

Kakaobutter+Kokosöl+Mandelöl+ Vanilleduft

100g Kakaobutter
150g Kokosöl
10g Mandelöl
10 Tropfen ätherisches Öl Vanille

Gib alle Zutaten in einen kleinen Topf und schmelze sie vorsichtig unter Rühren über einem heißen Wasserbad. Nun nimm den Topf vom Herd und lasse die Flüssigkeit abkühlen. Stelle den Topf dann nochmal für 30 min in den Kühlschrank und rühre zwischendurch um. Danach kannst du das ätherische Öl deiner Wahl hinzufügen und die Lotion mit einem Handmixer aufschäumen.

Jetzt kannst du deine selbstgemachte Lotion in ein steriles Glas oder Flasche abfüllen und verschlossen an einem kühlen, dunklen Ort aufbewahren. So sollte sich dein Produkt 2-3 Monate halten.

Sheabutter+Kokosöl+Mandelöl+Rosmarinduft+Orangenduft

80g Sheabutter

80g Kokosöl

50g Mandelöl

10 Tropfen ätherisches Öl Rosmarin

10 Tropfen ätherisches Öl Orange

Fülle die Sheabutter und das Kokosöl in einen Topf und schmelze beides bei niedriger Hitze über dem heißen Wasserbad. Füge das Mandelöl hinzu und verrühre alles gut. Lasse die Mischung abkühlen und gib dann die Duftöle hinzu. Alles gut verrühren. Stelle den Topf nochmals 30 min in den Kühlschrank und schlage die Masse danach mit einem Handmixer schaumig auf. Jetzt kannst du deine Lotion in ein steriles Gefäß abfüllen und verschlossen an einem kühlen Ort verwahren.

Body-Butter

Body-Butter ist besonders für trockene Haut geeignet, da der Fettanteil hoch ist.

Basis

200g Kakaobutter
200g Kokosöl
10 Tropfen ätherisches Öl

Das Kokosöl mit der Kakaobutter auf einem heißen Wasserbad in einem kleinen Topf bei niedriger Hitze zum Schmelzen bringen. Nicht kochen!

Danach etwas abkühlen lassen und das ätherische Öl deiner Wahl einrühren. Nun in eine sterile Dose umfüllen und für mehrere Stunden zum Aushärten in den Kühlschrank stellen.

Danach kann deine Bodybutter verschlossen an einem kühlen Ort aufbewahrt werden. Die Haltbarkeit beträgt etwa 4 Wochen.

TIPP Geschenkideen

Lavendel-Body-Butter

Suchst du noch ein herzliches Geschenk für eine liebe Freundin? Kreiere deine eigene Body-Butter für sie. Vielleicht liebt sie Lavendelduft? Dann füge der Kakaobutter und dem Kokosöl noch etwas Lavendel-Duftöl hinzu und falls du noch lila Farbpigmente hast, darfst du ein bis zwei Messerspitzen davon einrühren. Vorsicht! Nicht zu viel Farbpigment, sonst färbt die Butter bei der Benutzung die Haut. Nun riecht es nicht nur nach Lavendel, sondern hat auch noch eine umwerfende Farbe. Danach fülle die Butter in eine schöne Schraubdose. Du kannst ein liebevolles Etikett entwerfen und noch eine paar kleine Lavendelzweige anbringen und deine Freundin wird entzückt sein!

Poppige Bodybutter-Muffins

Diesmal soll es bunt werden. Du benötigst 100g Kakaobutter, 40g Bienenwachs und 10g Mandelöl, sowie 1g Vitamin E, Farbpigmente deiner Wahl und getrocknete Blüten. Das können trockene Lavendelblüten, eine Kräuterteemischung oder Rosenblüten sein. Vielleicht hast du andere Blüten im Garten, die du getrocknet nutzen möchtest?

Stelle zwei hitzebeständige Gläser in ein großes Wasserbad und fülle beide mit jeweils 20g Bienenwachs. Lass diesen bei niedriger Hitze langsam schmelzen. Dann nimm die Gläser aus dem Wasserbad und rühre jeweils 5g Mandelöl ein. Lass es etwas abkühlen bevor du die Kakaobutter auf die beiden Gläser verteilst. Danach die Masse wieder auf den Herd ins Wasserbad stellen und vorsichtig bei niedriger Hitze schmelzen lassen. In der Zwischenzeit ein paar Blütenblätter in kleine Muffinförmchen aus Papier oder Silikon geben. Wenn die Butter sich verflüssigt hat vom Herd nehmen und das Pigment deiner Lieblingsfarbe in eines der Gläser mit einem Schneebesen einrühren. Wenn alles gut verrührt ist, das Ganze auf Körpertemperatur runter kühlen lassen. Schließlich noch das

Vitamin E und das Duftöl hinzufügen, wiederum gut vermischen.

Nun die helle, ungefärbte Flüssigkeit bis zur Hälfte in ein Förmchen füllen. Achte darauf, dass dieses nicht an Form verliert. Stelle es evtl. unterstützend in ein kleines Glas. Etwas rühren, damit sich die Blütenblätter verteilen und für 10 min in den Kühlschrank stellen. Derweil die andere gefärbte Mischung noch mal bei 36 Grad ins Wasserbad stellen, damit sie nicht fest wird. Wenn die helle Mischung glasig und fest geworden ist, vorsichtig die gefärbte Masse als zweite Schicht darauf gießen und im Kühlschrank mehrere Stunden aushärten lassen.

Anwendung: den Muffin in die Hand nehmen und den Körper damit einreiben.

Wichtig bei der Herstellung: sich Zeit nehmen beim Schmelzen. Alles muss flüssig, ohne Klümpchen sein und bei niedriger Hitze zubereitet werden. Du solltest die Masse immer gut umrühren.

Zum Schluss die Muffins aus der Form nehmen und mit einem Fön auf der Oberseite kurz erwärmen oder auf die Heizung legen und mit ein paar Blütenblättern dekorieren, die nach Abkühlung dann haften bleiben.
Jetzt hast du einen zweifarbigen duftenden Body-Butter-Muffin. Der absolute Knaller! Die Form und die Farbe samt den eingestreuten Blüten ist zauberhaft. Du kannst viele kleine Muffins, auch mehrschichtig in verschiedenen Farben herstellen, diese hübsch verpacken und an Freunde verschenken. Die Glücklichen, sie werden es lieben!

Gesicht

Lippenpeelings

Für ein einfaches Lippenpeeling benötigst du nur wenige Zutaten. Du kannst damit 1x/Woche die abgestorbenen Hautschuppen entfernen und die Durchblutung anregen.

Honig + Zucker

Verrühre 2 TL Honig mit 1 TL Zucker in einem kleinen Schälchen zu einer cremigen Masse. Trage das süße Lippenpeeling sanft auf die Lippen auf und lasse es kurze Zeit einwirken. Spüle es danach mit lauwarmem Wasser ab.

Salz + Olivenöl

Mische 2 TL Olivenöl mit einem TL Salz. Reibe das Peeling sanft auf die Lippen und spüle es mit danach mit Wasser ab.

Wenn du einen Frischekick hinzufügen möchtest, kannst du dem Peeling noch einen Tropfen Pfefferminzöl hinzufügen.

Kokosöl + brauner Zucker + Honig

Nimm das Kokosöl am Besten ein paar Stunden vorher aus dem Kühlschrank und lass es bei Zimmertemperatur weich werden. Vermenge dann 1 TL Kokosöl mit 1 TL braunen Zucker und 1 TL Honig. Trage dann die duftende Masse sanft auf die Lippen auf und lasse sie einen Moment einwirken. Danach mit klarem Wasser und einem feuchten Tuch abwischen.

Lippenstifte

Bevor du mit der Herstellung von Lippenstiften beginnst, solltest du leere Lippenstifthülsen oder kleine Tiegel sammeln. Diese benötigst du um deine selbst kreierten Lippenstifte aufzubewahren. Du solltest die Behältnisse vor der Verwendung gründlich reinigen und im Anschluss mit Alkohol desinfizieren oder auskochen.

Der Zusatz von ein paar pflegenden Tropfen Vitamin E bei der Zubereitung macht deinen Lippenstift noch haltbarer. So kann er gekühlt mehrere Wochen, sogar Monate aufbewahrt werden.

Der Vorteil eines selbst hergestellten Lippenstiftes besteht darin, dass du dir deine ganz persönliche Farbkombination herstellen kannst.

Aber noch viel wichtiger ist, du kannst so ausschließen, dass chemische Substanzen beigemischt wurden und er tatsächlich nur aus rein natürlichen Produkten besteht. Oftmals enthalten gekaufte Lippenstifte Silikone, Mikroplastik oder krebserregende Inhaltsstoffe auf Erdölbasis, die unbeabsichtigt durch Lippenlecken in unseren Organismus gelangen.

Auch leistest du einen wertvollen Beitrag zum Umweltschutz, indem du deine alten Lippenstiftflacons und Plastiktiegel wiederverwertest.
Zusätzlich kannst du beim Kauf der Zutaten darauf achten, dass es sich um BIO-Produkte handelt oder sie aus dem Fair-trade-Handel bezogen wurden.

Bienenwachs + Kakaobuter + Kokosöl + Olivenöl + natürliche Farbpigmente

Basis für 2 Lippenstifte

1 TL Bienenwachs (oder pflanzlicher Japanwachs)

1 TL Kakaobutter

1 TL Kokosöl

2/3 TL Olivenöl

mögliche Zusätze:

Vitamin E Tropfen (Pflege und Haltbarkeit)

Perlenpulver (schimmernder Effekt)

Farbpigmente deiner Wahl:

rote Beete Pulver

Fruchtpulver

Zimt

Kakao

Kurkuma

Schmelze alle Basiszutaten unter Rühren über einem Wasserbad. Füge ein paar Tropfen Vitamin E für die Haltbarkeit hinzu. Wenn alles flüssig geworden ist, gib eine Prise rote Beete Pulver hinzu.

Du kannst deinen eigenen Farbwunsch frei kreieren.

Magst du gerne knalliges Rot, fügst du ein wenig mehr rotes Farbpulver hinzu.

Natürliche pink-rötliche Färbemittel sind rote Beete, Himbeere sowie Hibiskus.

Gelb-orange Töne werden durch Zitronen, Orangen und Kurkuma erzeugt.

Ein Kupferton wird durch Kakaopulver und Zimt erzielt. Wenn du einen schimmernden Lippenstift bevorzugst, füge ein wenig Perlenpulver hinzu.

Beachte, dass die flüssige Lippenstiftfarbe dunkler ist als das Endergebnis.

Wenn sie erkaltet und ausgehärtet ist, verliert sie an Farbintensität. Fülle die Flüssigkeit in die Lippenstifthülle oder das dafür vorgesehene Döschen ein und lasse es erkalten. Es kann sein, dass die Farbpigmente sich etwas nach unten absetzen, schneide darum vor der ersten Verwendung mit einem scharfen Messer 2mm der Lippenstiftspitze ab. So ist garantiert, dass du die volle Farbkraft verwendest.

Wenn du nicht unbedingt einen Lippenstift mit natürlichem Farbpulver herstellen möchtest, kannst du auch einen Lidschatten deiner Lieblingsfarbe den Basiszutaten beimischen. Du solltest dabei darauf achten, dass es sich um einen mineralischen Lidschatten ohne Schadstoffe handelt. Auch übrig gebliebene Lippenstiftreste können zusammen geschmolzen werden. Sie sollten aber nicht älter als zwei Jahre sein.

Sheabutter + Mandelöl + Bienenwachs + ätherische Öle + natürliche Farbpigmente

Basis für 2 Lippenstifte

1 TL Sheabutter (oder Mangobutter mit fruchtiger Note)

1 TL Bienenwachs (oder pflanzlicher Japanwachs)

1 TL Mandelöl

mögliche Zusätze:

Vitamin E Tropfen (Pflege und Haltbarkeit)

1-2 Tropfen ätherisches Öl (z.B. Vanille)

Perlenpulver (schimmernder Effekt)

Farbpigmente deiner Wahl:

rote Beete Pulver

Fruchtpulver

Zimt

Kakao

Schmelze 1 TL Sheabutter mit 1 TL Mandelöl und einem TL Bienenwachs in einem Wasserbad zu einer cremigen Masse. Gib dann die gewünschten Farbpigmente hinzu und rühre diese gründlich it einem Schneebesen ein.

Wenn die Masse etwas abgekühlt ist, kannst du noch 1-2 Tropfen eines ätherischen Öl für einen tollen Duft hinzufügen. Auch ein paar Tropfen pflegendes Vitamin-E-Öl dürfen gerne beigemischt werden, denn diese machen den Lippenstift länger haltbar. Danach fülle die Masse in die leeren Lippenstiftflacons oder Tiegel ein.

Die Lippenstifte lassen sich im Kühlschrank länger aufbewahren, zum Gebrauch dann bei Zimmertemperatur einige Zeit erwärmen.

Lippenbalsam

Erstelle dir mit diesen Zutaten dein eigenes hochwertiges Lippenpflegeprodukt.

Sheabutter + Kokosöl + Bienenwachs + ätherisches Öl

7g Sheabutter

10g Kokosöl

5g Bienenwachs

1-2 Tropfen ätherisches Öl deiner Wahl wie z.B. Rosenöl oder Vanilleöl

Erwärme alles Zutaten über einem Wasserbad und verrühre sie gut. Wenn die Mischung abgekühlt ist, füge noch ein wenig ätherisches Öl hinzu. Fülle die homogene Masse in ein steriles Döschen oder kleine Tiegel. Bei Zimmertemperatur aufbewahrt bleibt deine Lippenpflege schön cremig und hält sich mehrere Monate.

Lidschatten

Hier erfährst du, wie man aus natürlichen Zutaten einen Lidschatten selbst herstellen kann, ohne chemische Zusatzstoffe oder Tierversuche. Du kannst losen Puderlidschatten, sowie cremig-kompakten Lidschatten kreieren. Da diese keine Konservierungsstoffe enthalten, solltest du sie allerdings nach 3 Monaten entsorgen und ersetzen.

Pfeilwurzmehl + Sheabutter + Farbpulver

Basis
1/4 TL Pfeilwurzmehl
1/4 TL Sheabutter

Färbemittel:
Kakaopulver
Kurkuma
Rote Beete
Muskatnuss

Gib das Pfeilwurzmehl in eine kleine Schale und mische von dem Färbemittel das du dir ausgesucht hast ein wenig bei.
Die natürlichen Farbstoffe kannst du kaufen oder auch selbst herstellen, indem du die einzelnen Gewürze in kleine Stücke schneidest, die trocknen lässt und dann in einem Mörser zu Pulver zerkleinerst. Ist das Farbergeb-

nis zu dunkel, füge ein wenig mehr Pfeilwurzmehl hinzu. Du kannst auch mehrere Farbpulver miteinander kombinieren, bis du dein gewünschtes Farbergebnis erreicht hast. Dann füge die Sheabutter hinzu. Knete sie unter das Pulver, bis eine cremige Masse entstanden ist. Die Sheabutter ist für die Haltbarkeit auf den Lidern unablässig und wenn ihr gut verrührt habt, ist euer Lidschatten am Ende wieder pulverartig.

Weitere Farbkombinationen:
Mauve:

1/8 TL Kakaopulver
$1/4$ TL rote Beete
$1/4$ TL Piment
$1/4$ TL Sheabutter

Altrosa:

½ TL rote Beete
1/8 TL Kakaopulver
½ TL Pfeilwurzmehl
¼ TL Sheabutter

Goldbraun:

¼ – ½ TL Kurkuma
¾ TL Muskatnuss
½ TL Pfeilwurzmehl
¼ – ½ TL Sheabutter

Hellbraun

¾ – 1 TL Kakaopulver
½ TL Pfeilwurzmehl
¼ – ½ TL Sheabutter

Loser Lidschatten

...mit Micapuder

Mica oder auch Glimmerschiefer genannt, gehört zur Gruppe der Mineralien und ist ein Make-up permanet Puder welches in einer Vielzahl von Farben erhältlich ist. Achte darauf, dass dein Micapuder zu kosmetischen Zwecken geeignet ist und im Augenbereich verwendet werden darf. Micapuder kann zur eigenen Nagellack-, Lidschatten- wie auch Lippenstiftherstellung genutzt werden.

Zur Herstellung eines losen Lidschattens benötigst du ausschließlich Micapuder.
Du mischst einfach verschiedenfarbige Micapuder in einem Schälchen miteinander bis du zu deinem gewünschten

Farbergebnis kommst. Deinen selbst hergestellten Lidschatten kannst du dann in einer kleinen sauberen Dose mit Deckel aufbewahren.

...mit Kohlekapseln

Du möchtest einen Lidschatten für Smokey-Eyes herstellen?

Vielleicht hast du Kohlekapseln in deinem Medizinschrank, die bei Magen-Darm-Problemen eingesetzt werden? Diese sind als Kapseln mit Aktivkohle in jeder Apotheke erhältlich und völlig chemiefrei.

Öffne die Kapsel vorsichtig und kippe den Inhalt ein ein Döschen. Mische der Kohle bei Bedarf noch etwas Micapulver deiner Wahl bei, um einen farbigen Schimmer zu erzeugen.

Cremiger Lidschatten
mit Micapuder

Micapuder + Sheabutter + Bienenwachs + Jojobaöl + Pflanzenglycerin + Vitamin E-Öl

Erwärme zuerst 8 Pastillen Bienenwachs mit einem TL Sheabutter über dem heißen Wasserbad. Tropfe dann nach und nach 120 Tropfen Pflanzenglycerin, 25 Tropfen Jojobaöl sowie 12 Tropfen Vitamin E-Öl in deine Mischung. Stelle dir zuvor aus mehreren Micopudern deiner Wahl deine persönliche Lieblingsfarbe zusammen und gebe 2 gehäufte TL davon in die warme Öl/Wachsflüssigkeit. Verrühre alles gut bis eine homogene Masse entstanden ist. Nun kannst du deinen Creme-Lidschatten in ein steriles Döschen abfüllen und abkühlen lassen. Nach 24 Stunden Ruhezeit kannst du ihn verwenden.

Creme Eyeliner

Du kannst deinen Kajal oder Eyeliner mit natürlichen Produkten unter folgender Anleitung selbst herstellen:

Basis

2 EL Aloe Vera Gel
1 TL Kokos-, Jojoba- oder Mandelöl
ein paar Tropfen Wasser

Zusatz

silbriges Grau
$\frac{1}{4}$ TL silbergraues Farbpulver

tiefes Braun

1/4 TL ungesüßtes Kakaopulver

rötliches Braun

mische etwas Kakaopulver mit Rote Beete Pulver um einen warmen rötlichen Braunton zu erzeugen

Grün

1/4 TL Spirulina Pulver (gemahlene, getrocknete Algen)

Schwarz

1/4 TL Aktiv-Kohle-Pulver

Vermische alle Zutaten zu einer gelartigen Masse und trage diese mit einem Eyeliner Pinsel auf.

Creme Eyeliner aus Lidschattenresten

Solltest du noch alte Reste eines Lidschattens besitzen, kannst diesen zu einem Creme Eyeliner verarbeiten.

Dafür gibst du den zerbrochenen Lidschatten in eine Schale und zerkleinerst ihn mit einem Löffel oder einer Gabel zu Pulver. Dann gib ein wenig Kokosöl und Aloe Vera Gel dazu, sowie ein paar Tropfen Wasser. Verrühre deine Mischung gut und trage deinen selbst hergestellten Eyeliner dann mit einem alten Eyeliner-Pinsel auf.

Solltest du keinen Eyeliner Pinsel zum Auftragen besitzen, kannst du einen normalen feinen Farbpinsel mit einer Schere in einem spitzen Winkel zuschneiden und voila: fertig ist der Eyeliner Pinsel.

Creme Eyeliner mit Micapuder

Vielleicht hast du noch Micapuder von der Herstellung deines Lidschattens übrig? Mit Micapuder hast du die Möglichkeit dir jede beliebige Eyeliner Farbe anzufertigen, da es dieses Puder in sämtlichen Regenbogenfarben gibt.

Füge dem erwählten Farbpuder Öl und Aloe Vera Gel hinzu und verrühre es.

Sollte die Masse zu fest sein, gib ein paar Tropfen Wasser oder noch etwas Öl hinzu, bis dein Eyeliner für dich die richtige Konsistenz hat.

Bewahre deinen Eyeliner luftdicht verschlossen in einem sterilen Döschen an einem kühlen Ort auf, damit er nicht verdirbt.

Mascara

Für die Herstellung von natürlicher Wimperntusche benötigen wir nur wenig Zutaten.

1 Messerspitze Stärke (Speisestärke oder Maisstärke)
1 TL weiße Tonerde,
1 TL Aktiv Kohle (Kakao für braune Mascara)
½ TL Aloe Vera Gel
1 TL Wasser

Mische die Kohle, die Tonerde und die Stärke in einem kleinen Schälchen. Füge dann das Aloe Vera Gel und das Wasser, rühre alles gut durch. Die Mischung eine Weile quellen lassen.

Fülle dann die Masse in ein altes Wimperntusche-Behältnis. Reinige dieses vorher gründlich und sterilisiere es. Die Bürste bitte ebenfalls sorgfältig säubern. Das Einfüllen kann sich als schwierig gestalten. Verwende einen kleinen Trichter, damit es gelingt. Alternativ kannst du die Flüssigkeit auch in eine Plastiktüte füllen und eine kleine Ecke aufschneiden und so die Masse in die Wimpernflasche hineindrücken. Du kannst natürlich auch ein anderes beliebiges verschlossenes Behältnis zum Aufbewahren der Mascaraflüssigkeit verwenden, in das du die Bürste problemlos eintauchen kannst.

Achte nach jedem Gebrauch darauf, die Bürste gründlich zu reinigen. Gekühlt kann deine Wimperntusche mehrere Wochen Verwendung finden, ungekühlt ca. 4 Wochen.

Rouge

Rouge wird zur Betonung der Wangenpartie eingesetzt.

Es verhilft dazu Gesundheit und natürliche Frische auszustrahlen.

Dann möchte ich bitte auch ein gesundes Naturprodukt ohne chemische Zusätze!

Kompakt Rouge

Zutaten

1 TL Speisestärke

1 TL Frucht- oder Gemüsepulver

2 TL Alkohol (Weingeist)

Mit Hibiscus-oder Rote Beetepulver erzeugst du einen roten Farbton. Möchtest du einen eher natürlichen Braunton herstellen, nutze Gemüsepulver dem du etwas Kakao oder Zimt beimischst.

Vermische die Speisestärke mit dem Farbpulver deiner Wahl.

Füge nun Alkohol hinzu und verrühre die Zutaten gründlich, bis eine cremige Masse entstanden ist. Diese dann in eine sterile Dose abfüllen und fest drücken. Ein Küchenpapier und etwas zum Beschweren oben drauf legen. Danach zwei Stunden ruhig stehen lassen. Zwischendurch immer mal wieder das Küchenpapier wechseln, bis dieses sich nicht mehr vollsaugt. Nun ist dein Kompakt Rouge fertig und kann mit einem Pinsel aufgetragen werden.

Heilerde+Mineralerde+Farbpulver+Alkohol

1 EL Heilerde

1 TL weiße Mineralerde

1 TL rote Beete Pulver oder Kakao

2-3 TL Alkohol

Vermische alle Zutaten in einer verschließbaren Dose. Die Farbe kannst du dir selbst kreieren durch Zufügen von rote Beete oder Kakao. Füge etwas Alkohol bei und verrühre alles. Drücke dein Rouge mit einem Löffel fest in das Behältnis und lege ein Blatt Küchenpapier auf, das durch etwas beschwert wird. Lass die Mischung eine Weile ruhen und wechsele nur zwischendurch das Küchenpapier immer mal wieder aus, bis es trocken bleibt. Fertig ist dein Kompakt-Rouge!

Loses Rouge

Zutaten
1 EL Heilerde
1 TL weiße Mineralerde
1 TL rote Beete Pulver oder Kakao

Gib alle Zutaten in einen verschlossenen Behälter und schüttele sie gut durch. Bevorzugst du rotes Rouge verwende rote Beete Pulver. Du kannst die Farbe natürlich auch mischen mit Kakao für ein braun-rötliches Ergebnis oder nur Kakao für eine Naturton in Braun nehmen. Trage dein loses Rouge nun mit einem Pinsel auf.

Creme Rouge

Zutaten

1 EL rote Beete

2 EL Sheabutter

Die ungekochte rote Beete schälen, fein würfeln und mit der Sheabutter in einen Mixer füllen.

Ist die rote Beete bereits gekocht, kann auch ein Mörser zum Zerkleinern verwendet werden.

Alles zu einer cremigen Menge pürieren und anschließend in einen sterilen Behälter füllen.

Verwendest du Rote Beete Pulver, solltest du weniger als einen Esslöffel hinzufügen, denn das Farbergebnis ist intensiver.

Das Creme Rouge kann in der Gefriertruhe aufbewahrt werden und nur zur täglichen Nutzung kurz herausgeholt werden.

Make-up Puder

Kann genauso hergestellt werden wie Rouge (siehe oben), nur ohne farbgebenden Zusatz.

Zutaten

1 EL Heilerde

1 TL weiße Mineralerde

Die beiden Zutaten gut schütteln und in einer verschlossenen Dose trocken aufbewahren.

Bei Bedarf kannst du etwas Alkohol hinzufügen, um einen kompakten Puder zu erzeugen.

Flüssiges Make-up

Sheabutter+Kakaobutter+Jojobaöl+Zinkoxid+Titanoxid+Teebaumöl+Farbpulver

Für die Herstellung eines flüssigen Make-up benötigst du außer den Zutaten noch eine präzise Waage.

Zutaten

1 TL Sheabutter

1 TL Kakaobutter

1 TL Jojobaöl

1 TL Zimt

1 TL ungesüßten Kakao

5 g Zinkoxid

5 g Titandioxid

12 Tropfen Teebaumöl

Als erstes gibst du die Shea-und Kakaobutter sowie das Jojobaöl in einen Topf und erwärmst sie unter rühren über einem Wasserbad. Füge dann das Zinkoxid und das Titandioxid hinzu. Alles gut verrühren. Dann mische den Kakao und/oder den Zimt bei und teste das Farbergebnis solange auf deinem Handrücken, bis du deinen persönlichen Farbwunsch gefunden hast. Zum Schluss gibst du noch das Teebaumöl hinzu, welches zur Konservierung von Make-up dient.

Fülle nun deine Make-up-Kreation in eine sterile Tube oder Tiegel.

Ungetönte Gesichtslotion

kleine Dose Gesichtslotion deiner Wahl
2 TL Zinkoxid
1/2 TL Kosmetikton
Micapulver
Kakaopulver

Rühre das Zinkoxid sowie den Kosmetikton in deine ungetönte Gesichtslotion deiner Wahl. Füge dann ein wenig von dem Kakaopulver hinzu und beobachte, wie sich der Farbton gestaltet. Wähle am Besten einen Gold oder Bronzeton beim Micapulver aus, um einen glänzenden Schimmer zu erzeugen. Teste das Farbergebnis an deinem Handrücken, bis du deine gewünschte Farbe erreicht hast. Fertig ist dein Make-up!

Gesichts-reinigung

Haferflocken + Wasser

Vermische 2 EL Haferflocken mit etwas Wasser und lasse die Mischung quellen. Du kannst nun die Masse auf deine Gesichtshaut auftragen, etwas einmassieren und dann mit Wasser abspülen.

Kokosöl + Honig

2EL Kokosöl

1TL Honig

Erwärme 2 EL Kokosöl und füge dann den Honig hinzu. Verrühre die beiden Zutaten miteinander und lass dein Reinigungsöl abkühlen. Nun kannst du es sanft in die Gesichtshaut einmassieren, kurz einwirken lassen und anschließend mit klarem Wasser abspülen.

Hafer + Blüten + weiße Tonerde + Mandeln + ätherisches Öl

1/4 Tasse Hafer

1EL getrocknete Blüten (Rosen oder Lavendel)

1/4 Tasse weiße Tonerde

2 EL Mandeln

8 Tropfen ätherisches Öl (Rosen oder Lavendel)

Gib den Hafer und die Mandeln in eine Mühle und mahle sie so fein wie möglich. Die getrockneten Blüten kannst du in einem Mörser ebenfalls fein zermahlen. Siebe alles durch ein feines Haarsieb um größere unerwünschte Partikel abzufiltern. Nun kannst du alles in eine Glasschüssel füllen, die Tonerde unterrühren und das ätherische Öl hinzufügen. Vermenge alles gut und fülle es in einen sauberen Behälter ab. Vor jeder Anwendung gut schütteln! So lässt sich die Reinigungspaste bis zu 2 Wochen aufbewahren.

Trage die Reinigungspaste auf die Gesichtshaut auf, massiere sie kurz ein und spüle dann mit klarem Wasser ab.

Nägel

Nagellack

Du kannst dir deinen Nagellack mit nur drei bis vier Zutaten und wenig Aufwand selbst kreieren.

Klarlack

50ml Ethanol
10g Benzoe
1g Kieselsäure

Gib den Ethanol in ein Gefäß und erhitze ihn über einem heißen Wasserbad.

90

Gib nun das pulverisierte Benzoe und die Kieselsäure hinzu und verrühre alles gut.

Farblack

Um einen farbigen Nagellack zu erzeugen, benötigst du nur die Basiszutaten eines Klarlacks und Farbpigmente. Diese kannst du deiner Lidschattenpalette entnehmen. Such dir deine Lieblingsfarbe aus und kratze etwas des Lidschattenpulvers aus der Dose und fang es in einem Schälchen auf. Sollte der Lidschatten bröckelig sein, verarbeite ihn zu feinem Pulver. Dann forme mit einem Blatt Papier einen kleinen Trichter und fülle darüber den Lidschatten in deine Klarlackflasche ein. Diese sollte nicht zu voll sein, damit sie durch den Pulverzusatz nicht überläuft. Jetzt die Flasche verschließen und gut schütteln, evtl. mit einem Zahnstocher umrühren.

Überprüfe das Farbergebnis. Gib bei Bedarf etwas mehr des Lidschattens hinzu oder mische verschiedene Farbtöne miteinander bis dir deine Kreation gefällt.

Du kannst es natürlich vereinfachen, indem du fertigen Klarlack kaufst und du mit deinem Lieblingslidschatten deinen Farblack herstellst.

Glitzerlack

Deinem farbigen Lack fehlt der Glamour? Füge deinem Nagellack einfach noch etwas Glitter hinzu. Kauf die ein kleines Fläschen Glitter, wobei du darauf achten solltest, dass es sehr feiner Glitter ist. Fülle den Glitter ebenfalls mittels eines kleinen Papiertrichters in die Flasche und schüttele gut. Der Nagellack hat nun einen leichten Schimmer.

Du hast nur groben Glitter zuhause und möchtest einen funkelnden Auftritt? Dann lakiere einen Nagel mit dem Farblack und streue den Glitter aus der Flasche einfach auf den noch feuchten Lack. Trage danach eine Schicht Klarlack auf. Nun ist der nächste Nagel dran.

Tip: Damit der Nagellack länger auf den Nägeln hält, solltest du die Nägel vorab mit Essig behandeln. Mische zwei Teile Wasser mit einem Teil Essig. Tauche deine Nägel dann 5 Minuten in das Essigbad. Dadurch werden auch eventuelle Nagellackrückstände entfernt und der Nagel entfettet, so dass der neue Lack besser haftet.

Haar

Shampoo

Um ein eigenes Shampoo herzustellen, benötigst du nur zwei Basiszutaten. Dem Grundrezept kannst du dann, auf deinen Bedarf abgestimmte Zutaten hinzufügen.
Gekühlt hält sich dein Shampoo ein bis zwei Wochen.

Basis

200ml Wasser
20g Kernseife (palmölfrei und ohne tierische Fette)

Reibe die Kernseife mit einer feinen Reibe zu Flöckchen. Es gibt auch fertige Seifenflocken zu kaufen, solltest du keine Lust haben die Seife selbst zu reiben. Gib die Flocken in warmes Wasser und rühre so lange, bis sich alles aufgelöst hat. Fertig ist das Basis-Shampoo.

Aufhellendes Shampoo für Blonde und Rothaarige

100ml Basisshampoo
100ml Wasser
100g Kamillenblüten
Saft von 1/2 Zitrone

Überbrühe die Kamillenblüten mit dem heißen Wasser. Lasse sie mehrere Stunden ziehen. Danach das Basisshampoo einrühren und den Zitronensaft hinzufügen. Gut vermischt in eine sterile Flasche abfüllen und schütteln.

Glanzshampoo
für Brünette und Schwarzhaarige

50ml Basisshampoo
100ml Wasser
50g Schwarztee

Tee mit kochendem Wasser aufbrühen und 20 min ziehen lassen. Danach mit dem Basisshampoo vermischen und in eine sterile Flasche abfüllen.

Kokosshampoo

75ml Basisshampoo
150ml Kokosmilch

Die Kokosmilch mit dem Basisshampoo gut verrühren und in eine saubere Flasche abfüllen.
Die Haltbarkeit beträgt ein bis zwei Wochen.

Gelegentliche Haarwäsche mit Natron gegen fettiges Haar

300ml Wasser

2 Tl Natron

Vermische Natronpulver in lauwarmem Wasser und wasche die Haare damit. Massiere die Mischung in die Kopfhaut und das Haar ein. Lasse das Shampoo 5 Minuten einwirken und spüle es danach gründlich aus.

Pflege dein Haar im Anschluss mit einer der nachfolgenden Spülungen.

Haarspülung

Einen gesunden Conditioner kannst du mit einfachen Mitteln aus natürlichen Zutaten selbst herstellen.

Mit Bier für mehr Glanz

Eine ganz einfache Haarspülung für mehr Glanz und gegen fettiges Haar machst du mit alkoholfreiem Bier. Bier mir Alkohol kann austrocknend wirken. Du übergießt nach der Haarwäsche einfach dein Haar mit dem alkoholfreien Bier direkt aus der Flasche und spülst es mit klarem Wasser nach. Der Biergeruch verfliegt mit der Zeit.

Mit Kokosöl gegen Spliss, bei brüchigem und strapaziertem Haar

2 TL Kokosöl

1 TL Honig

7 Tropfen Rosmarinöl

1 Prise Zimt

Erwärme das Kokosöl in einem Topf auf dem Herd. Wenn es flüssig geworden ist, rühre den Honig ein und gib den Zimt hinzu. Fülle deine Spülung in ein sauberes Behältnis und träufel noch ein paar Tropfen Rosmarinöl ein. Massiere bei der Anwendung eine haselnußgroße Portion in deine Haarspitzen ein und lass den Conditioner 5 Minuten, gerne auch länger, einwirken. Spüle die Haarpflege dann mit klarem Wasser gründlich aus. Trockne und frisiere dein Haar nun wie gewohnt. Deine Kokosspülung ist mehrere Monate haltbar.

Mit Essig für mehr Geschmeidigkeit und Leichtigkeit

2 TL Apfelessig
ätherisches Öl (Minze, Rosmarin, Lavendel)
1 Liter Wasser

Stelle eine Wasser-Essigmischung her und gib ein paar Tropfen ätherisches Öl nach Belieben hinzu. Übergieße deine Haare nach der Wäsche damit. Du musst nicht mehr mit klarem Wasser nachspülen, der Essiggeruch verfliegt nach einer Weile.

Mit Aloe Vera für trockenes Haar und Naturlocken

2 EL Aloe Vera Gel (direkt der Pflanze entnommen siehe Aloe Vera Creme oder gekauft)
2EL Wasser
1 EL Pflanzenöl

einige Tropfen ätherisches Öl nach Belieben (Minze, Rosmarin, Melisse)

Alle Zutaten miteinander mischen und bei dünnem Haar nur auf die Haarspitzen oder bei vollem, lockigen Haar auf die gesamte Länge auftragen.
Nach ein paar Minuten Einwirkzeit mit klarem Wasser abspülen. Danach am Besten lufttrocknen, um das Haar nicht durch unnötige Hitze zu belasten.

Mit Zitrone für schuppige und fettige Kopfhaut

250ml Wasser
3EL Zitronensaft

Nach dem Haarewaschen mit dem Zitronenwasser übergießen. Einige Minuten einmassieren und einwirken lassen, dann mit klarem Wasser abspülen.

Mit Molke für mehr Volumen und Glanz

250 ml Molke

Massiere die Molke nach der Haarwäsche gut in die Kopfhaut sowie die Haarlängen ein und lasse sie 10 Minuten einwirken. Danach mit warmem Wasser gründlich ausspülen.

Mit Roggenmehl für jeden Haartyp

5EL Roggenmehl
250ml Wasser
ätherisches Öl (Minze, Melisse, Rosmarin...)

Vermische das Roggenmehl im Wasser in lasse es 1-2 Stunden stehen. Danach kannst du die Haare waschen und danach den Roggenmehlbrei auf das

Haar und die Spitzen auftragen. Lasse den Conditioner ein paar Minuten einwirken und spüle ihn dann mit lauwarmem Wasser aus.

Haarkur

Eine intensive Haarkpackung mit gesunden Naturprodukten ist schnell selbst hergestellt, spart Geld und schont die Umwelt.

Sprödes trockenes Haar:

2 EL Honig
1 TL Olivenöl

Erwärme den Honig mit dem Öl in einem kleinen Topf. Lass die Mischung abkühlen und trage sie lauwarm nach der Haarwäsche auf das feuchte Haar auf. Wickele den Kopf in ein Handtuch und lasse die Haarkur 30 Minuten einwirken bevor du sie gründlich auswäschst.

Für glanzloses trockenes Haar:

1 Eigelb
150ml Joghurt
1TL Honig
5EL Mandelöl

Vermische alle Zutaten bis eine cremige Konsistenz entstanden ist. Dann erwärme deine Haarkur ganz leicht und trage sie auf das ungewaschene Haar auf. Lasse die Haarpackung eine Stunde einwirken und wasche dein Haar dann danach gründlich aus. Frisiere es wie gewohnt, allerdings bekommt lufttrocknen deinem Haar am besten.

Für fettiges dünnes Haar:

1Pckg. Trockenhefe
100ml Wasser

Vermische die Trockenhefe im lauwarmen Wasser und verteile deine Hefekur anschließend im gewaschenen, handtuchtrockenen Haar. Lasse sie 20 Minuten einwirken und spüle sie dann gründlich mit klarem Wasser aus.

Für geschädigtes kraftloses Haar:

1 Avocado
1 Banane
1 EL Honig

Vermische alle Zutaten zu einem cremigen Brei. Trage diesen nach der Haarwäsche auf die Haare auf. Am besten ziehst du eine Duschhaube über, um eine optimale Einwirkung zu erzielen. Du kannst die Haare aber auch in ein Handtuch einwickeln. Wenn deine Haare sehr trocken sind, lass die Haarkur über Nacht ziehen und wasch sie erst am nächsten Morgen gründlich aus.

Für strapaziertes trockenes Haar

1 Mango
2 Eigelb
4 EL Kokosöl

Schneide eine Mango in kleine Stücke und mische das Eigelb und das Kokosöl darunter. Anschließend stellst du mit einem Pürierstab eine cremige Masse her.

Nun trägst du die Haarmaske auf die Haare auf und lässt sie mehrere Stunden, bei Bedarf auch gerne über Nacht einwirken. Unterstütze die Wärmewirkung mit einem umgewickelten Handtuch oder einer Duschhaube. Wasche die Haare danach gründlich aus.

Haarfarben aufhellen oder intensivieren

Du möchtest deine Haarfarbe ohne Chemie auf sanfte Art und Weise verändern oder intensivieren? Versuch es doch mal mit folgenden Lösungen...

Strahlendes Blond

Zitronensaft zur Aufhellung

Zitronensaft pur oder nur leicht verdünnt mit Wasser

Wer die Haarspülung zur Aufhellung verwenden möchte, kann den Zitronensaft für einen stärkeren Effekt auch unverdünnt am ganzen Kopf oder auf einzelne Strähnen auftragen. Man sollte die Spülung dann mindestens eine Stunde einwirken lassen und sich anschließend damit in die Sonne setzen. Die Lichteinstrahlung verstärkt die Bleichung. Im Winter kann man stattdessen ein Handtuch um den Kopf wickeln, um einen wärmenden Effekt zu erzeugen. Nach einer Stunde die Haare ausspülen. Diesen Vorgang kann man wöchentlich wiederholen, um die gewünschte natürliche Aufhellung zu erreichen.

Backpulver oder Natron zur Aufhellung

3 Pckg. Natron oder Backpulver
250ml Wasser

Vermische 3 Päckchen Natron oder Backpulver mit Wasser und übergieße deine Haare nach der Haarwäsche damit. Lass das Backpulver in der Sonne eine Stunde einwirken oder wickle dir ein Handtuch um den Kopf. Danach mit warmem Wasser ausspülen.

Kamillenspülung zur Aufhellung

1 Liter Wasser
6 Teebeutel Kamille

Bereite dir einen Liter Kamillentee zu und spüle damit nach der Haarwäsche deine Haare aus. Setz dich auch diesmal danach eine Stunde in die Sonne oder umwickele den Kopf zum besseren

Einwirken mit einem Handtuch. Du kannst die Spülung auch über Nacht einwirken lassen. Wasche danach mit klarem Wasser aus.

Die Methode der Haaraufhellung mit Kamille zeigt die geringste Wirkung, ist allerdings die sanfteste der drei natürlichen Verfahren und kann langfristig angewendet werden.

Schwarzer Tee zur dunkleren Tönung

Hast du goldblondes Haar und möchtest ein bis zwei Nuancen dunkler werden? Dann ist dies eine gute Alternative zu chemischen Haartönungen.

3EL Schwarzer Tee
300ml Wasser
1-2 EL Rosmarin (für einen angenehmen Duft)

Den Schwarztee zubereiten und über Nacht ziehen lassen. Am nächsten Tag den Tee absieben und die Flüssigkeit in eine Sprühflasche umfüllen. Nach der Haarwäsche die gesamten Haare mit dem Schwarztee besprühen und gut einarbeiten. Dann ohne Ausspülen wie gewohnt frisieren.

Rötlicher Schimmer

Auf natürliche Weise kann man Haare nicht knallrot einfärben.
Es ist lediglich möglich einen Schimmer zu zaubern oder akzentuierte rötliche Farbspiele zu setzen.

250 ml Rote Beete Saft
Honig

Vermische den Rote Beete Saft mit dem Honig, so dass eine cremige Konsistenz entsteht und sie gut anzuwenden ist. Ziehe Handschuhe an und trage die Mischung nach dem Haarewaschen auf dein Haar auf. Du kannst auch nur einzelne Strähnchen damit benetzen und so farbliche Akzente setzen. Setz dich damit in die Sonne oder wickle ein dunkles Handtuch um. Lass die Rote Beete Creme 4-5 Stunden einwirken und spüle dann mit warmem Wasser aus.

Rote Beete färbt auch Hände und Textilien, also sei vorsichtig beim Auftragen.

Glänzendes braunes oder schwarzes Haar

Um einen dunklen Haarton zu verändern, ihm einen Goldschimmer zu verleihen oder zu mehr Glanz zu verhelfen gibt es verschiedene Möglichkeiten und zwar ganz ohne Chemie!

Kaffee

Wenn du das nächste Mal Kaffee gekocht hast, hebe bitte den Kaffeesatz
auf!

4EL Kaffeesatz (je nach Haarlänge
auch mehr)
Wasser

Vermische den frischen oder getrockneten Kaffeesatz mit Wasser bis eine
cremige Masse entstanden ist. Diese arbeitest du nach der Haarwäsche in deine
Haarlängen ein und massierst auch
die Kopfhaut damit.
Lass die Kaffeepaste 10 Minuten einwirken und spüle dann mit warmem
Wasser aus.
Das im Kaffeepulver enthaltene Koffein
soll den Haarwachstum anregen, kräf-
tigt das Haar und lässt es leuchten.

Walnuss

Walnussblätter
Wasser

Sammle bei deinem nächsten Spaziergang Walnussblätter, die die Leuchtkraft deines Haares unterstützen und ihm einen braun-goldenen Schimmer verleihen. Die Blätter werden 30 min gekocht und anschließend mit warmem Wasser zu einer Paste angerührt. Wenn die Mischung abgekühlt ist, auf die Haarlängen auftragen, in ein dunkles Handtuch einschlagen und 45 Minuten einwirken lassen. Danach mit warmem Wasser ausspülen.

Graue Haare

Silbergraues Haar kann ebenfalls mit einer Teemischung mild getönt werden. Ist die ursprüngliche Haarfarbe ein

Braun-oder Schwarzton solltest du Schwarztee verwenden. Frühere Rothaarige können Rooibostee und ehemals Blonde Kamillentee benutzen.

Es sollte nach einer einzigen Behandlung kein spektakulärer Erfolg erwartet werden. Die Farbveränderung ist minimal und stellt sich nur nach regelmäßiger und langfristiger Anwendung ein.

Tee

300ml Wasser

3 EL Tee (je nach gewünschtem Farbton)

Brühe den Tee auf und lasse ihn mindestens 30 min ziehen. Je länger, desto besser. Siebe ihn ab und fülle die abgekühlte Flüssigkeit dann in eine saubere Sprühflasche um. Nun kannst du den Tee gleichmäßig auf dein Haar aufsprühen und verteilen. Anschließend 30 min einwirken lassen und mit klarem Wasser ausspülen oder einfach ohne Ausspülen im Haar lassen. Dann wie gewohnt trocknen und frisieren. Je öfter du diese Sprühtönung anwendest, desto intensiver ist das Farbergebnis. Du kannst auch größere Mengen herstellen und im Kühlschrank ein paar Tage aufbewahren.

Kräuter

Mit Kräutern kannst du grauen Haaren ebenfalls zu ihrer Naturhaarfarbe zurück verhelfen.

Braune Haare

Salbeiblätter
Rosmarin
Brennnesselblätter
Schachtelhalm

Rote Haare

Hibiskus
Hagebutten
Ringelblume

Blonde Haare

Sonnenblumenblätter
Ringelblumenblätter
Safranblätter

Lasse die frischen Kräuter in einem Topf mit Wasser für ca. 30 Minuten köcheln. Danach siebe die Flüssigkeit ab und fülle sie in eine saubere Sprühflasche. Nun sprühe die gewünschte Haarpartie, d.h. die gesamte Haarlänge oder nur den Ansatz mit der Tinktur ein und spüle diese nach 1 Stunde Einwirkzeit mit warmem Wasser ab. Du brauchst etwas Geduld. Bis sich ein intensives Farbergebnis zeigt können bei regelmäßiger Anwendung 2 Wochen vergehen.

Und

noch...

Zahnpasta

Mintfrische

2EL Kokosöl
8 Tropfen Pfefferminzöl
1EL Birkenzucker

Vermische das erwärmte und somit weiche Kokosöl mit dem Birkenzucker und füge anschließend das Pfefferminzöl hinzu. Du kannst die Zahnpasta jetzt abschmecken. Magst du es frischer? Dann gib ein paar Tropfen mehr von dem Pfefferminzöl hinzu.

Nun kannst du deine Herstellung in ein steriles luftdichtes Gefäß umfüllen. Bei Gebrauch einfach mit einem kleinen Holzspatel die gewünschte Menge auf die Zahnbürste auftragen.

Dein Geschmack

5EL Kokosöl
3EL feines Natronpulver
Kräuter deiner Wahl

Erwärme das Kokosöl leicht, damit es etwas weicher wird. Füge dann das sehr feine Natronpulver hinzu und verrühre alles. Anschließend in einen sauberen Behälter abfüllen.
Den Geschmack darfst du selbst bestimmen indem du wahlweise Pfefferminzöl für die Frische hinzufügst oder auch Kamille, Salbei, Zitronenmelisse

oder Thymin unterrührst. Die Kräuter sollten vorher getrocknet und fein gemahlen untergemischt werden.

Deo

Kokos

15g Kokosöl
25g Natron
10 Tropfen ätherisches Öl (Zitrone, Limone, Orange oder Minze)

20g Stärke (Kartoffel, Mais oder Pfeil-
wurz)
5 Tropfen Teebaumöl

Das Kokosöl leicht erwärmen und alle Zutaten einrühren. Anschließend in ein sauberes Gefäß abfüllen. Die Deocreme mit den
Fingern in die Achseln auftragen.

Rosmarin

20g Natron
1 EL getrockneter Rosmarin
2 Tropfen Rosmarinöl

Alles miteinander vermischen, in sauberes Gefäß abfüllen und verschlossen
aufbewahren. Zur Verwendung etwas
von dem Pulver auf die Finger nehmen
und in die Achselhöhle reiben.

Seife

Duftende Blüte

für 2 Seifenstücke
750g Glycerin-Rohseife
2 Tropfen Lebensmittelfarbe
Duftöl (Vanille, Rose, Lavendel, Yasmin, Grapefruit...)
Blüten (Lavendel, Rosen...)

Für ein optisch schönes Ergebnis zu erzielen, solltest du dir vorab eine Gießform kaufen.

Die Glycerinseife portionsweise in einem Topf bei niedriger Hitze erwärmen bis sie flüssig ist. Dann den gewünschten Farbstoff und das Duftöl hinzu geben. Nun die passenden Blüten in die Form streuen und die erste gefärbte, duftende Schicht Seife eingießen. Wenn diese Schicht komplett ausgekühlt ist, kannst du die nächste farbige Seife eingießen.

Wenn die Form gefüllt ist, die Seife am besten 4 Wochen aushärten lassen vor Verwendung mindestens aber einen Tag.

Kaffee

500g Glycerin-Rohseife
4-5EL Kaffeesatz
2 EL Honig
Kaffeebohnen
Farbstoff
Duftöl (Zimt, Orange, Sandelholz, Vanille, Nelke...)

Bringe die Glycerinseife langsam zum Schmelzen. Wenn sie flüssig ist, rühre den Honig und den Kaffeesatz ein und füge bei Bedarf noch ein paar Tropfen Düftöl hinzu oder du verwendest Gewürze wie Zimt, Kardamom oder Spekulatius. Mische etwas Lebensmittelfarbe bei Bedarf unter. Nun die flüssige Seife in die Gießform einfüllen und zur Dekoration noch ein paar Kaffeebohnen oben aufstreuen und etwas hineindrücken.

Das Kaffeepulver wird nach oben steigen und ergibt so eine natürliche dunkle Farbschicht.
Einen Tag aushärten lassen, bevor die Seife aus der Gießform gedrückt wird.

Tipp: Diese Seifen sind wunderschön anzusehen und eignen sich hervorragend zum Verschenken. Sie lassen sich mit verschiedenen Lebensmittelfarben und Düften immer wieder neu gestalten und ganz kreativ verändern. Auch Tee statt Kaffee ist möglich! Oder Gewürze statt Duftöl. Die Form der Seife kann ebenfalls variieren. Man kann sie in größeren Mengen herstellen und liebevoll verpacken, ein wundervolles selbstgemachtes Geschenk das von Herzen kommt.

Massageöl

100ml Basisöl
15 Tropfen ätherisches Öl deiner Wahl

Wähle dir dein Basisöl selbst. Für eine Massage ist Mandelöl, Sesamöl, Moringaöl oder Avocadoöl hervorragend geeignet. Aber auch Kokosöl oder Jojobaöl können als Massageöl genutzt werden. Auch Olivenöl ist möglich, hat allerdings einen starken Eigengeruch.

Sinnlicher Duft

100ml Öl
3 Tropfen Jasmin
3 Tropfen Ylang Ylang
5 Tropfen Bergamotte
2 Tropfen Vanille

Entspannender Duft

100ml Öl
5 Tropfen Lavendel
5 Tropfen Baldrian
2 Tropfen Sandelholz
3 Tropfen Mandarine
1 Tropfen Rose

Du kannst auch nur einen einzigen Duft, deinen Lieblingsduft in dein Massageöl mischen.
Pfefferminz-und Rosmarinöle regen die Durchblutung an und beleben, Melissen-und Zitronenöle machen fit und munter, Vanilleöl hat eine aphro-

133

disierende Wirkung, Lavendelöl beruhigt, Rosenöl hellt die Stimmung auf und Eukalyptusöl entspannt die Muskeln.

Mische einfach die ähterischen Öle in dein Basisöl und fülle es in eine sterile dunkle Flasche ab. Diese sollte kühl an einem dunklen Ort aufbewahrt werden.

Capt. Swings
Geheime Bibliothek

An einem geheimen Ort lagert ein Schatz von Büchern, voller Staub und dem Wissen der Menschheit. Ein Team begeisterter Forscher arbeitet sich durch die Stapel. Ständig wieder überrascht von den verschiedenen Themen. Niemand weiß, was wir als Nächstes finden. Denn eine Ordnung gibt es nicht.

In diesem Buch sammelten wir Tipps für selbst gemachte Kosmetik. Mehr Bücher sind in Vorbereitung. Wenn es Dir gefallen hat, dann melde dich doch über die Webseite für unseren Newsletter an oder verfolge unsere Aktivitäten über die sozialen Medien.

www.captswing.jimdofree.com

captswings

captswings

@CaptSwings

Altes Brot

Melanie Koßmann zeigt mit 50 Rezepten, wie man altes Brot in köstliche Speisen verwandelt.
Man kann alte Brotreste in Vorspeisen, Hauptgerichten, beilagen sowie Desserts hervorragend weiter verwerten.

Paperback 110 Seiten
ISBN-13: 9783755700920
9,95 €

Das kleine Bruschetta-Buch
Die 40 besten Rezepte

Bruschetta war in früheren Zeiten ein „Arme- Leute-Essen" und ist ein italienisches Antipasti. Es gibt unzählige Variationsmöglichkeiten, von einfach bis extravagant, von traditionell bis zu Gourmet-Crostinis.

Paperback 96 Seiten
ISBN-13: 9783755701279
9,95 €

Liköre selbst gemacht

Selbst gemachter Likör ist immer ein wundervolles Geschenk aus der Küche, welches von Herzen kommt!
Wenn der Likör dann noch in der einer phantasievollen Flasche mit selbstgemaltem Etikett steckt, ist er ein echtes liebevolles Unikat.

Paperback 88 Seiten
ISBN 9 783755 715504
8,95 €

Ballonspiele

Du kennst mich schlaff, du kennst mich rund, ich mache alle Feste bunt.

Jetzt hol tief Luft und pust´ mich auf, denn spielen kannst du mit mir auch!

Paperback 72 Seiten
ISBN 9 783755 716587
7,95 €

**Märchen aus aller Welt
Band 1 Asien**

20 außergewöhnliche Märchen von Japan bis in die Türkei

Paperback 108 Seiten
ISBN 9 783755 748977
9,95 €

**Achtsamkeit
30 Methoden Dein Leben
zu verbessern**
Melanie Koßmann

Achtsamkeit bedeutet, den Moment bewusst wahrnehmen. In Konzentration im Augenblick verweilen.

Paperback 78 Seiten
ISBN 9783755761617
8,95 €

Das unmögliche Ausmalbuch

100 geometrische Figuren, die dich in den Wahnsinn treiben

Paperback 110 Seiten
ISBN 9 783755 736875
9,95 €

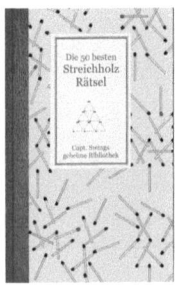

Die 50 besten Streichholz Rätsel

Kevin Croo

Paperback 78 Seiten
ISBN 9 783755 780618
8,95 €

Yi Jing Das chinesische Weisheits- und Orakelbuch

Über 3000 Jahre gesammeltes Wissen.

Paperback 88 Seiten
ISBN 9 783755 716594
9,95 €

**Capt. Swings
Geheime Bibliothek**

Der seltsame Fall des
CORIOLANUS
SNOW

Joshua Beck